school - škola	2
travel - cesta	5
transport - doprava	8
city - mesto	10
landscape - terén	14
restaurant - reštaurácia	17
supermarket - supermarket	20
drinks - nápoje	22
food - jedlo	23
farm - farma	27
house - dom	31
living room - obývačka	33
kitchen - kuchyňa	35
bathroom - kúpeľňa	38
child's room - detská izba	42
clothing - šatstvo	44
office - kancelária	49
economy - hospodárstvo	51
occupations - povolania	53
tools - náradie	56
musical instruments - hudobné nástroje	57
zoo - ZOO	59
sports - šport	62
activities - aktivity	63
family - rodina	67
body - telo	68
hospital - nemocnica	72
emergency - urgentný prípad	76
Earth - Zem	77
clock - hodiny	79
week - týždeň	80
year - rok	81
shapes - tvary	83
colours - farby	84
opposites - protiklady	85
numbers - čísla	88
languages - jazyky	90
who / what / how - kto/čo/ako	91
where - kde	92

Impressum
Verlag: BABADADA GmbH, Nedderfeld 112 , 22529 Hamburg
Geschäftsführer / Verlagsleitung: Harald Hof
Druck: Books on Demand GmbH, In de Tarpen 42, 22848 Norderstedt

Imprint
Publisher: BABADADA GmbH, Nedderfeld 112 , 22529 Hamburg, Germany
Managing Director / Publishing direction: Harald Hof
Print: Books on Demand GmbH, In de Tarpen 42, 22848 Norderstedt, Germany

school
škola

- divide / deliť
- board / tabuľa
- classroom / trieda
- teacher / učiteľ
- school yard / školský dvor
- paper / papier
- pen / pero
- desk / písací stôl
- ruler / pravítko
- book / kniha
- write / písať
- pupil / žiak

186/2

satchel

školská taška

pencil case

peračník

pencil

ceruza

pencil sharpener

strúhadlo na ceruzky

rubber

guma

visual dictionary

obrázkový slovník

drawing pad
skicár

drawing
kresba

paintbrush
štetec

paint box
vodové farby

scissors
nožnice

glue
lepidlo

exercise book
cvičný zošit

homework
domáca úloha

number
číslo

add
sčítať

subtract
odčítať

multiply
násobiť

calculate
počítať

letter
písmeno

alphabet
abeceda

school - škola

word
slovo

text
text

read
čítať

chalk
krieda

lesson
hodina

register
triedna kniha

exam
skúška

certificate
certifikát

school uniform
školská uniforma

education
vzdelanie

encyclopedia
encyklopédia

university
univerzita

microscope
mikroskop

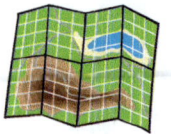
map
mapa

paper bin
kôš na papier

school - škola

travel
cesta

hotel / hotel
hostel / nocľaháreň
bureau de change / zmenáreň
suitcase / kufor
car / auto

language
jazyk

yes / no
áno/nie

Okay
v poriadku

hello
ahoj

translator
prekladateľ

Thank you
ďakujem

travel - cesta

how much does ... cost?
Koľko stojí ... ?

I do not understand
Nerozumiem

problem
problém

Good evening!
Dobrý večer!

Good morning!
Dobré ráno!

Good night!
Dobrú noc!

bye bye
Dovidenia

direction
smer

luggage
batožina

bag
taška

backpack
batoh

guest
hosť

room
izba

sleeping bag
spacák

tent
stan

travel - cesta

tourist information
informácie pre turistov

beach
pláž

credit card
kreditná karta

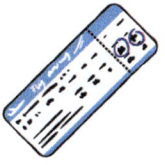
breakfast
raňajky

lunch
obed

dinner
večera

ticket
cestovný lístok

lift
výťah

stamp
poštová známka

border
hranica

customs
clo

embassy
veľvyslanectvo

visa
vízum

passport
cestovný pas

travel - cesta

transport
doprava

- aeroplane / lietadlo
- ship / loď
- fire engine / požiarnické auto
- bus / autobus
- truck / nákladné auto
- motorboat / motorový čln
- car / auto
- bike / bicykel

ferry
trajekt

boat
loď

motorbike
motorka

police car
policajné auto

racing car
pretekárske auto

rental car
vozidlo z požičovne

transport - doprava

car sharing
carsharing

breakdown truck
odťahové auto

refuse truck
smetiarske auto

motor
motor

fuel
benzín

petrol station
čerpacia stanica

traffic sign
dopravná značka

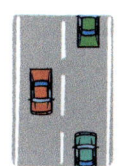
traffic
premávka

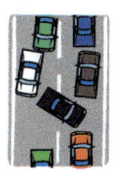
traffic jam
zápcha

car park
parkovisko

train station
vlaková stanica

tracks
trate

train
vlak

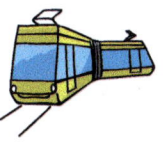
tram
električka

carriage
vagón

transport - doprava

helicopter
helikoptéra

airport
letisko

tower
veža

passenger
pasažier

container
kontajner

carton
kartón

cart
vozík

basket
kôš

take off / land
štartovať / pristáť

city
mesto

village
dedina

city centre
centrum mesta

house
dom

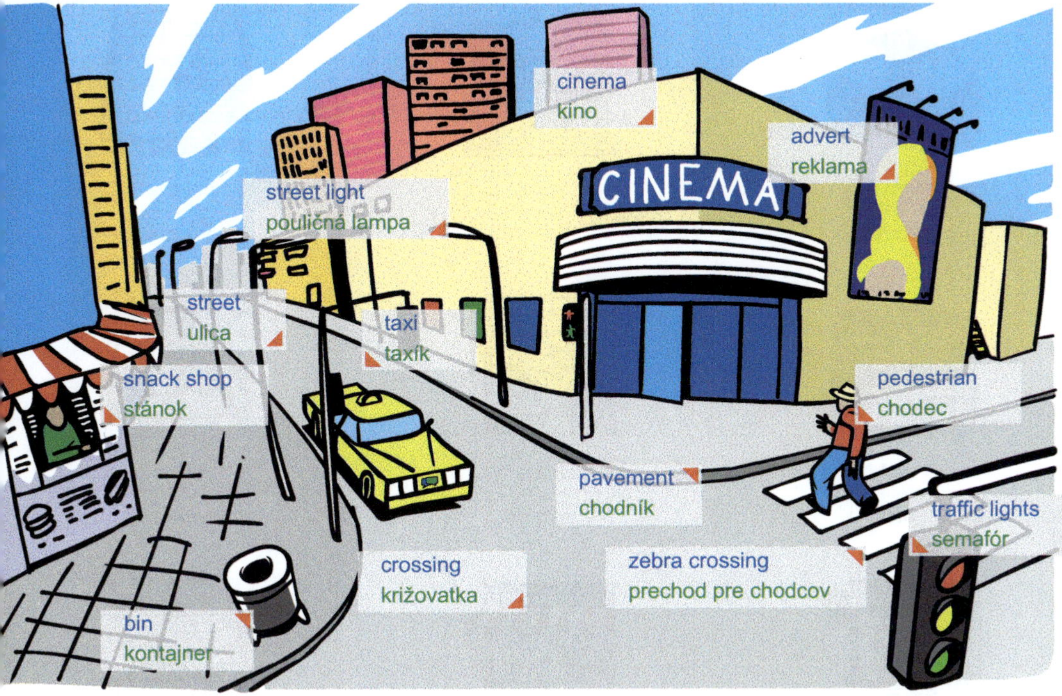

hut — chata
flat — byt
train station — vlaková stanica

town hall — radnica
museum — múzeum
school — škola

city - mesto

university
univerzita

bank
banka

hospital
nemocnica

hotel
hotel

pharmacy
lekáreň

office
kancelária

book shop
kníhkupectvo

shop
obchod

florist's
kvetinárstvo

supermarket
supermarket

market
trh

department store
obchodný dom

fishmonger's
obchodník s rybami

shopping centre
nákupné stredisko

harbour
prístav

park
park

bench
lavička

bridge
most

stairs
schody

underground
metro

tunnel
tunel

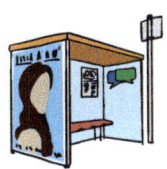
bus stop
autobusová zastávka

bar
bar

restaurant
reštaurácia

postbox
poštová schránka

road sign
tabuľa s názvom ulice

parking meter
parkovacie hodiny

zoo
ZOO

swimming pool
plaváreň

mosque
mešita

city - mesto

farm
farma

pollution
znečisťovanie životného prostredia

graveyard
cintorín

church
kostol

playground
ihrisko

temple
chrám

landscape
terén

- leaf / list
- signpost / smerová tabuľa
- way / cesta
- meadow / lúka
- stone / kameň
- tree / strom
- hiker / turista
- river / rieka
- grass / tráva
- flower / kvet

valley
dolina

hill
kopec

lake
jazero

forest
les

desert
púšť

volcano
vulkán

castle
zámok

rainbow
dúha

mushroom
hríb

palm tree
palma

mosquito
komár

fly
mucha

ant
mravec

bee
včela

spider
pavúk

landscape - terén

beetle
chrobák

frog
žaba

squirrel
veverička

hedgehog
jež

hare
zajac

owl
sova

bird
vták

swan
labuť

boar
diviak

deer
jeleň

moose
los

dam
hrádza

wind turbine
veterná turbína

solar panel
solárny panel

climate
podnebie

landscape - terén

restaurant
reštaurácia

- waiter / čašník
- menu / jedálny lístok
- chair / stolička
- soup / polievka
- pizza / pizza
- cutlery / príbor
- tablecloth / obrus

starter
predjedlo

main course
hlavné jedlo

dessert
zákusok

drinks
nápoje

food
jedlo

bottle
fľaša

restaurant - reštaurácia

fast food

fast-food

street food

street food

teapot

kanvica na čaj

sugar bowl

cukornička

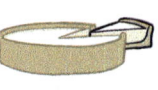

portion

porcia

espresso machine

stroj na espresso

high chair

detská stolička

bill

účet

tray

podnos

knife

nôž

fork

vidlička

spoon

lyžica

teaspoon

čajová lyžička

serviette

obrúsok

glass

pohár

restaurant - reštaurácia

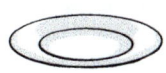		
plate	soup plate	saucer
tanier	hlboký tanier	podšálka

sauce	salt cellar	pepper mill
omáčka	soľnička	mlynček na korenie

vinegar	oil	spices
ocot	olej	korenie

ketchup	mustard	mayonnaise
kečup	horčica	majonéza

restaurant - reštaurácia

supermarket
supermarket

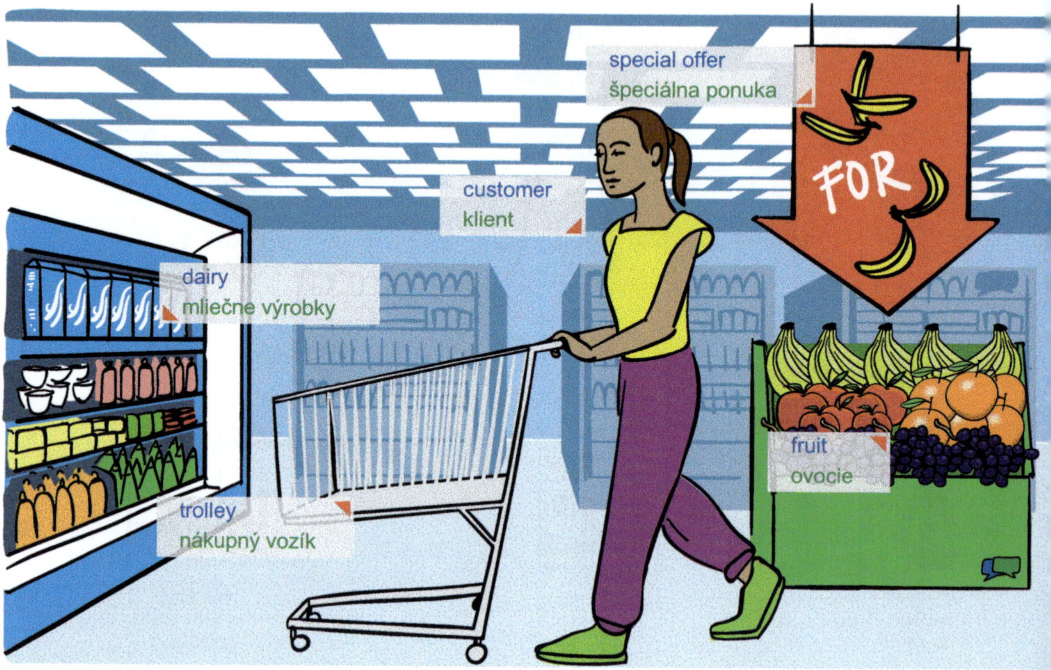

special offer
špeciálna ponuka
FOR
customer
klient
dairy
mliečne výrobky
fruit
ovocie
trolley
nákupný vozík

BUTCHERS

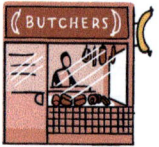

butcher´s

mäsiarstvo

BAKERY

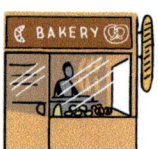

baker´s

pekáreň

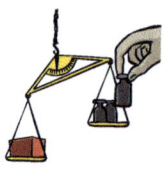

weigh

vážiť

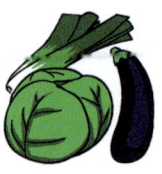

vegetables

zelenina

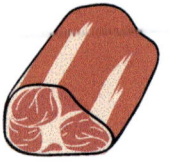

meat

mäso

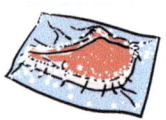

frozen food

mrazené potraviny

cold meat
nárez

tinned food
konzervy

washing powder
prací prostriedok

sweets
sladkosti

household products
domáce potreby

cleaning products
čistiace prostriedky

salesperson
predavačka

till
pokladňa

cashier
pokladník

shopping list
nákupný zoznam

opening hours
otváracie hodiny

wallet
peňaženka

credit card
kreditná karta

bag
taška

plastic bag
plastové vrecko

drinks
nápoje

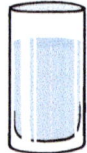  

water	juice	milk
voda	džús	mlieko

coke	wine	beer
kola	víno	pivo

alcohol	cocoa	tea
alkohol	kakao	čaj

coffee	espresso	cappuccino
káva	espresso	kapučíno

food
jedlo

banana
banán

apple
jablko

orange
pomaranč

melon
melón

lemon
citrón

carrot
mrkva

garlic
cesnak

bamboo
bambus

onion
cibuľa

mushroom
hríb

nuts
orechy

noodles
rezance

spaghetti | rice | salad
špagety | ryža | šalát

chips | fried potatoes | pizza
hranolky | pečené zemiaky | pizza

hamburger | sandwich | cutlet
hamburger | obložený chlebík | rezeň

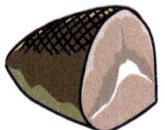

ham | salami | sausage
šunka | saláma | klobása

chicken | roast | fish
kurča | pečené mäso | ryba

porridge oats

ovsené vločky

muesli

müsli

cornflakes

kukuričné lupienky

flour

múka

croissant

croissant

bread roll

pečivo

bread

chlieb

toast

hrianka

biscuits

sušienky

butter

maslo

curd

tvaroh

cake

koláč

egg

vajce

fried egg

volské oko

cheese

syr

food - jedlo

ice cream sugar honey
zmrzlina cukor med

jam chocolate spread curry
lekvár nugátová nátierka karí korenie

farm
farma

farmhouse / sedliacky dom
barn / stodola
straw bale / stoch slamy
field / pole
horse / kôň
trailer / príves
foal / žriebä
tractor / traktor
donkey / somár
lamb / jahňa
sheep / ovca

goat
koza

cow
krava

calf
teľa

pig
prasa

piglet
prasiatko

bull
býk

goose
hus

duck
kačica

chick
kuriatko

hen
sliepka

cock
kohút

rat
potkan

cat
mačka

mouse
myš

ox
vôl

dog
pes

doghouse
psia búda

garden hose
záhradná hadica

watering can
krhla

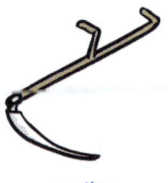
scythe
kosa

plough
pluh

farm - farma

sickle
kosák

hoe
motyka

pitchfork
vidly na hnoj

axe
sekera

wheelbarrow
fúrik

trough
koryto

milk can
kanva na mlieko

sack
vrece

fence
plot

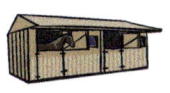
stable
maštaľ

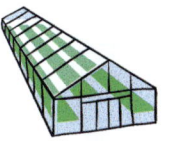
greenhouse
skleník

soil
pôda

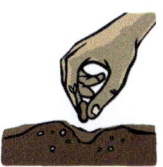
seed
osivo

fertilizer
hnojivo

combine harvester
kombajn

harvest
žať

harvest
žatva

yams
batát

wheat
pšenica

soy
sója

potato
zemiak

corn
kukurica

rapeseed
repka

fruit tree
ovocný strom

cassava
maniok

cereals
obilie

house
dom

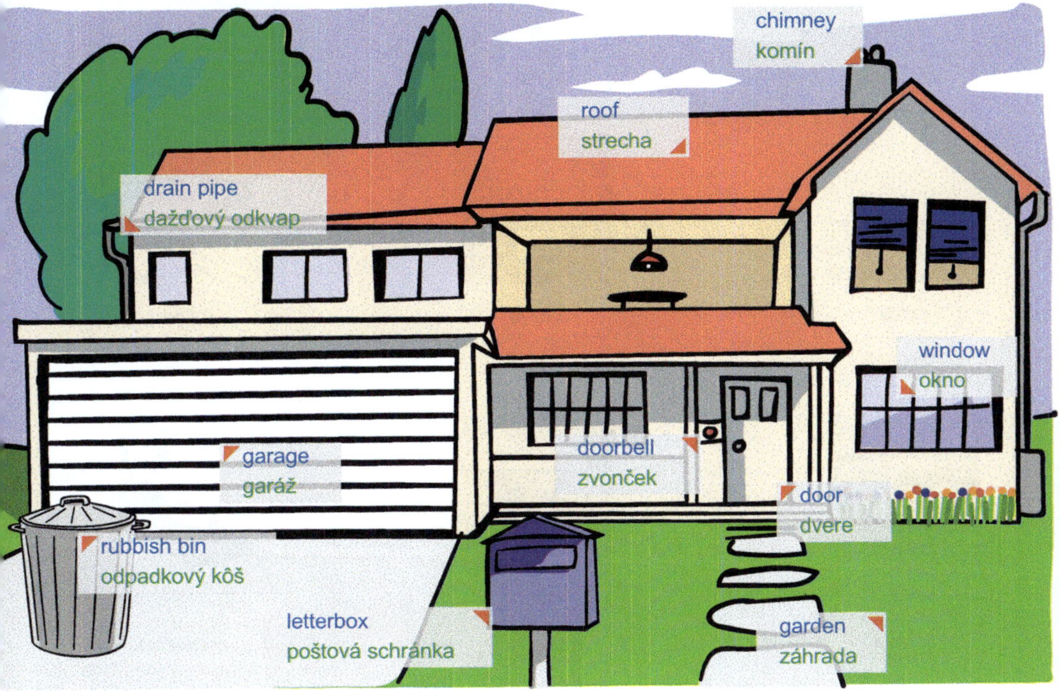

chimney — komín
roof — strecha
drain pipe — dažďový odkvap
window — okno
garage — garáž
doorbell — zvonček
door — dvere
rubbish bin — odpadkový kôš
letterbox — poštová schránka
garden — záhrada

living room
obývačka

bathroom
kúpeľňa

kitchen
kuchyňa

bedroom
spálňa

child's room
detská izba

dining room
jedáleň

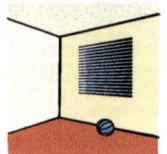
floor
podlaha

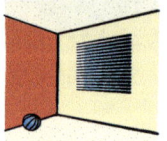
wall
stena

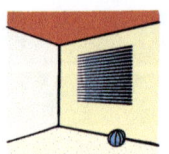
ceiling
strop

cellar
pivnica

sauna
sauna

balcony
balkón

terrace
terasa

pool
bazén

lawn mower
kosačka

sheet
obliečka

bedspread
posteľná prikrývka

bed
posteľ

broom
metla

bucket
vedro

switch
vypínač

living room
obývačka

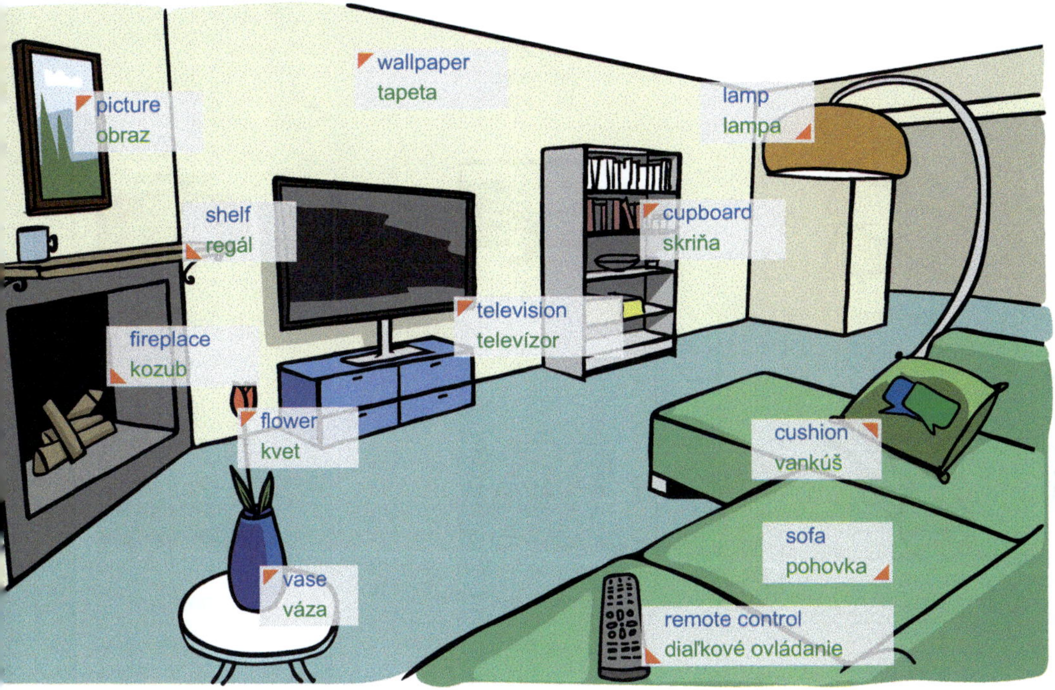

- picture / obraz
- wallpaper / tapeta
- lamp / lampa
- shelf / regál
- cupboard / skriňa
- fireplace / kozub
- television / televízor
- flower / kvet
- cushion / vankúš
- sofa / pohovka
- vase / váza
- remote control / diaľkové ovládanie

carpet
koberec

curtain
záclona

table
stôl

chair
stolička

rocking chair
hojdacie kreslo

armchair
kreslo

living room - obývačka

book
kniha

blanket
prikrývka

decoration
dekorácia

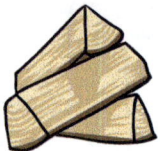
firewood
drevo na kúrenie

film
film

hi-fi equipment
hi-fi veža

key
kľúč

newspaper
noviny

painting
maľba

poster
plagát

radio
rádio

notepad
zápisník

hoover
vysávač

cactus
kaktus

candle
sviečka

living room - obývačka

kitchen
kuchyňa

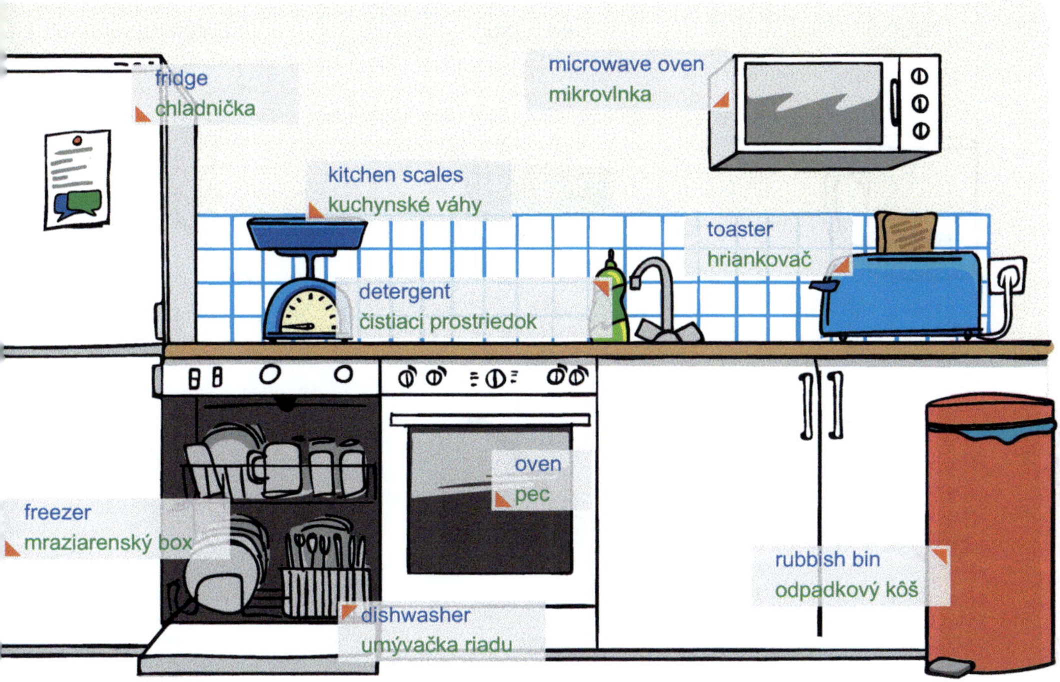

- fridge / chladnička
- microwave oven / mikrovlnka
- kitchen scales / kuchynské váhy
- detergent / čistiaci prostriedok
- toaster / hriankovač
- oven / pec
- freezer / mraziarenský box
- rubbish bin / odpadkový kôš
- dishwasher / umývačka riadu

cooker
sporák

pot
hrniec

cast-iron pot
železný hrniec

wok / kadai
wok / kadai

pan
panvica

kettle
rýchlovarná kanvica

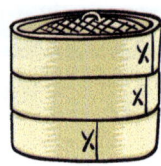
steamer
parný hrniec

baking tray
plech na pečenie

crockery
riad

mug
pohár

bowl
misa

chopsticks
paličky

ladle
naberačka na polievku

spatula
stierka

whisk
metlička

strainer
cedidlo

sieve
sitko

grater
strúhadlo

mortar
mažiar

barbecue
gril

open fire
ohnisko

kitchen - kuchyňa

chopping board	rolling pin	corkscrew
doska na krájanie	valček na cesto	vývrtka

can	can opener	pot holder
konzerva	otvárač na konzervy	chňapka

sink	brush	sponge
výlevka	kefa	hubka

 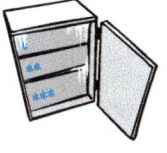 

blender	deep freezer	baby bottle
mixér	mraznička	kojenecká fľaša

tap
vodovodný kohútik

kitchen - kuchyňa

bathroom
kúpeľňa

toilet	squat toilet	bidet
záchod	suchý záchod	bidet
urinal	toilet paper	toilet brush
pisoár	toaletný papier	záchodová kefa

toothbrush
zubná kefka

toothpaste
zubná pasta

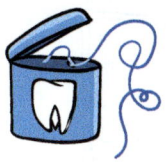

dental floss
dentálna niť

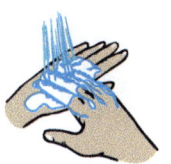

wash
umývať

handheld shower
ručná sprcha

douche
sprcha pre intímnu hygienu

basin
umývadlo

back brush
kefa na chrbát

soap
mydlo

shower gel
sprchový gél

shampoo
šampón

flannel
frotírová rukavica

drain
odtok

cream
krém

deodorant
dezodorant

bathroom - kúpeľňa

mirror

zrkadlo

hand mirror

kozmetické zrkadlo

razor

žiletka

shaving foam

pena na holenie

aftershave

voda po holení

comb

hrebeň

brush

kefa

hair dryer

sušič vlasov

hairspray

sprej na vlasy

makeup

make-up

lipstick

rúž

nail varnish

lak na nechty

cotton wool

vata

nail scissors

nožnice na nechty

perfume

parfum

bathroom - kúpeľňa

washbag

kozmetická taška

stool

stolček

weighing scale

váha

bathrobe

kúpací plášť

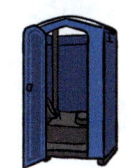

rubber gloves

gumové rukavice

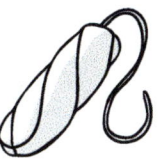

tampon

tampón

sanitary towel

menštruačná vložka

chemical toilet

chemické WC

bathroom - kúpeľňa

child's room
detská izba

- alarm clock / budík
- cuddly toy / plyšová hračka
- toy car / hračkárske auto
- rattle / hrkálka
- doll's house / domček pre bábiky
- present / dar

balloon
balón

bed
posteľ

pram
detský kočík

deck of cards
karty

jigsaw
puzzle

comic
komix

lego bricks
skladačka lego

building blocks
stavebnica

action figure
akčná postavička

romper suit
dupačky

Frisbee
lietajúci tanier

mobile
závesné hračky

board game
stolová hra

dice
kocka

model train set
modelový vláčik

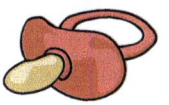
dummy
cumlík

party
párty

picture book
obrázková kniha

ball
lopta

doll
bábika

play
hrať sa

child's room - detská izba

sandpit
pieskovisko

swing
hojdačka

toys
hračky

video game console
hracia konzola

tricycle
trojkolka

teddy bear
medvedík

wardrobe
šatník

clothing
šatstvo

socks
ponožky

stockings
pančuchy

tights
pančuchové nohavičky

body
body

trousers
nohavice

jeans
džínsy

skirt
sukňa

blouse
blúzka

shirt
košeľa

pullover
pulóver

hoodie
sveter

blazer
blejzer

jacket
bunda

coat
kabát

raincoat
pršiplášť

costume
kostým

dress
šaty

wedding dress
svadobné šaty

clothing - šatstvo

suit
oblek

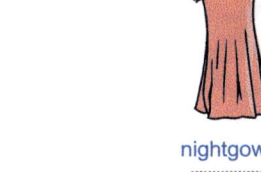
nightgown
nočná košeľa

pyjamas
pyžamo

sari
sari

headscarf
šatka na hlavu

turban
turban

burqa
burka

kaftan
kaftan

abaya
abaja

swimsuit
dvojdielne plavky

trunks
plavky

shorts
šortky

tracksuit
tepláková súprava

apron
zástera

gloves
rukavice

clothing - šatstvo

button
gombík

glasses
okuliare

bracelet
náramok

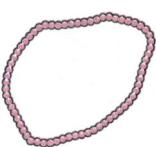
necklace
retiazka

ring
prsteň

earring
náušnica

cap
čiapka

coat hanger
vešiak

hat
klobúk

tie
kravata

zipper
zips

helmet
prilba

braces
traky

school uniform
školská uniforma

uniform
uniforma

clothing - šatstvo

bib
podbradník

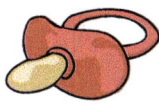
dummy
cumlík

nappy
plienka

office
kancelária

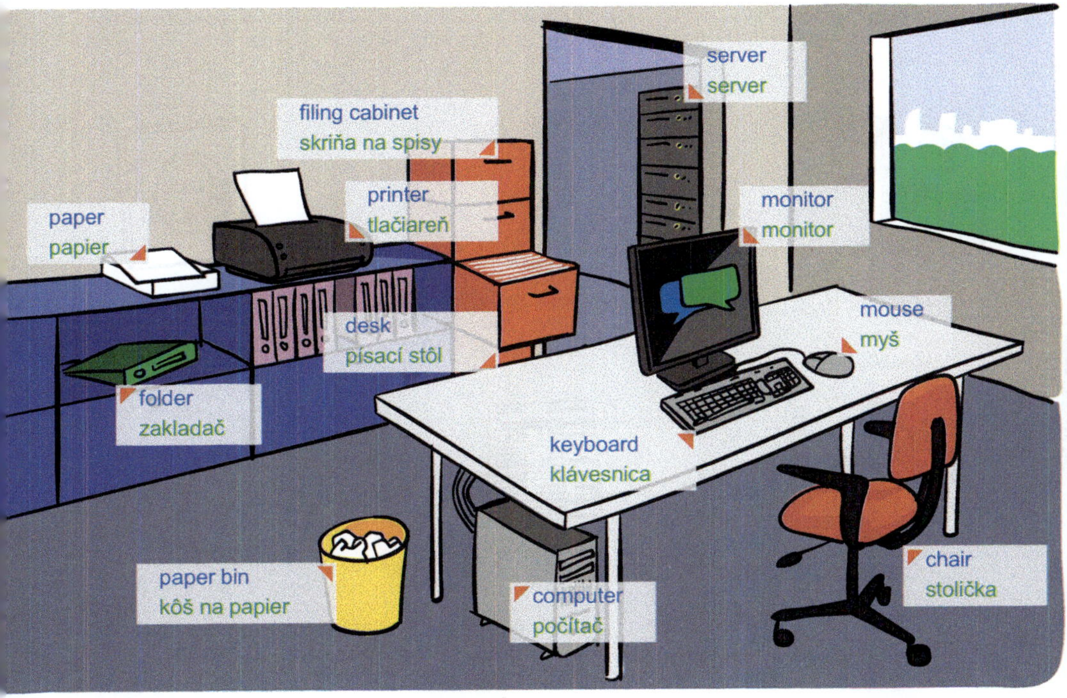

- server / server
- filing cabinet / skriňa na spisy
- printer / tlačiareň
- monitor / monitor
- paper / papier
- mouse / myš
- desk / písací stôl
- folder / zakladač
- keyboard / klávesnica
- paper bin / kôš na papier
- computer / počítač
- chair / stolička

coffee mug
hrnček na kávu

calculator
kalkulačka

internet
internet

office - kancelária

laptop
laptop

letter
list

message
správa

mobile
mobil

network
sieť

photocopier
kopírka

software
softvér

telephone
telefón

plug socket
elektrická zásuvka

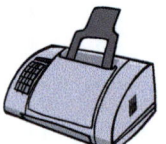
fax machine
fax

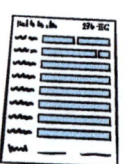
form
formulár

document
doklad

office - kancelária

economy
hospodárstvo

buy
kúpiť

pay
platiť

trade
obchodovať

money
peniaze

dollar
dolár

euro
euro

yen
jen

rouble
rubeľ

Swiss franc
švajčiarsky frank

renminbi yuan
čínsky jüan

rupee
rupia

cashpoint
bankomat

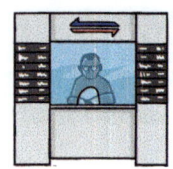
bureau de change
zmenáreň

gold
zlato

silver
striebro

oil
ropa

energy
energia

price
cena

contract
zmluva

tax
daň

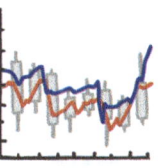
stock
akcia

work
pracovať

employee
zamestnanec

employer
zamestnávateľ

factory
továreň

shop
obchod

economy - hospodárstvo

occupations
povolania

fireman / hasič
police officer / policajt
cook / kuchár
doctor / lekár
pilot / pilót

gardener
záhradník

carpenter
stolár

seamstress
krajčírka

judge
sudca

chemist
chemik

actor
herec

bus driver
vodič autobusu

taxi driver
taxikár

fisherman
rybár

cleaning lady
upratovačka

roofer
pokrývač

waiter
čašník

hunter
poľovník

painter
maliar

baker
pekár

electrician
elektrikár

builder
stavebný robotník

engineer
inžinier

butcher
mäsiar

plumber
klampiar

postman
poštár

soldier
vojak

florist
kvetinár

mechanic
mechanik

scientist
vedec

monk
mních

architect
architekt

hairdresser
kaderník

captain
kapitán

rabbi
rabín

clergyman
farár

cashier
pokladník

conductor
sprievodca

dentist
zubár

imam
imám

occupations - povolania

tools
náradie

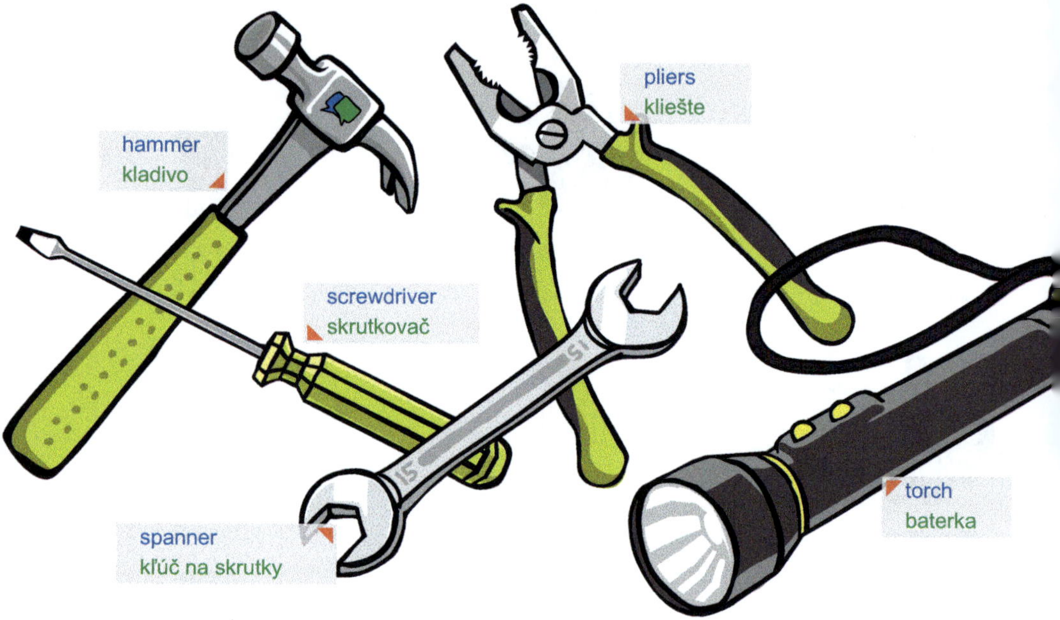

hammer
kladivo

pliers
klieště

screwdriver
skrutkovač

spanner
kľúč na skrutky

torch
baterka

digger
bager

toolbox
súprava náradia

ladder
rebrík

saw
pílka

nails
klince

drill
vrták

repair
opraviť

shovel
lopata

Damn!
Do čerta!

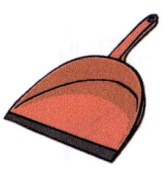
dustpan
lopatka na smeti

paint pot
nádoba s farbou

screws
skrutky

musical instruments
hudobné nástroje

loudspeaker
reproduktor

drum kit
bicie

guitar
gitara

double bass
kontrabas

trumpet
trúbka

piano
klavír

violin
husle

bass
basa

timpani
tympany

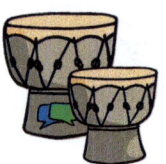
drums
bubon

keyboard
klávesnica

saxophone
saxofón

flute
flauta

microphone
mikrofón

musical instruments - hudobné nástroje

zoo
ZOO

- entrance / vstup
- tiger / tiger
- cage / klietka
- zebra / zebra
- animal feed / krmivo pre zver
- panda / panda

animals
zvieratá

elephant
slon

kangaroo
klokan

rhino
nosorožec

gorilla
gorila

bear
medveď

camel
ťava

ostrich
pštros

lion
lev

monkey
opica

flamingo
plameniak

parrot
papagáj

polar bear
ľadový medveď

penguin
tučniak

shark
žralok

peacock
páv

snake
had

crocodile
krokodíl

zookeeper
ošetrovateľ v ZOO

seal
tuleň

jaguar
jaguár

pony
poník

leopard
leopard

hippo
hroch

giraffe
žirafa

eagle
orol

boar
diviak

fish
ryba

turtle
korytnačka

walrus
mrož

fox
líška

gazelle
gazela

zoo - ZOO

sports
šport

American football — americký futbal
cycling — cyklistika
tennis — tenis
basketball — basketbal
swimming — plávanie
boxing — box
ice hockey — hokej

football — futbal
badminton — bedminton
athletics — ľahká atletika
handball — hádzaná
skiing — lyžovanie
polo — pólo

activities
aktivity

- laugh — smiať sa
- jump — skočiť
- hug — objať
- walk — chodiť
- sing — spievať
- dream — snívať
- pray — modliť sa
- kiss — pobozkať

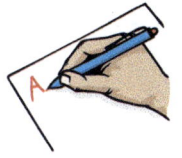

write

písať

draw

kresliť

show

ukázať

push

tlačiť

give

dať

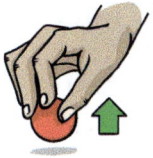

take

brať

have

mať

do

robiť

be

byť

stand

stáť

run

bežať

pull

ťahať

throw

hádzať

fall

padnúť

lie

ležať

wait

čakať

carry

nosiť

sit

sedieť

get dressed

obliecť sa

sleep

spať

wake up

zobudiť sa

look at
pozerať

cry
plakať

stroke
hladkať

comb
česať

talk
hovoriť

understand
rozumieť

ask
pýtať sa

listen
počuť

drink
piť

eat
jesť

tidy up
upratať

love
milovať

cook
variť

drive
jazdiť

fly
letieť

activities - aktivity

sail
plachtiť

calculate
počítať

read
čítať

learn
učiť sa

work
pracovať

marry
oženiť

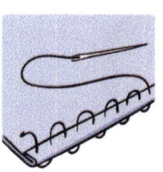

sew
šiť

brush teeth
čistiť zuby

kill
zabiť

smoke
fajčiť

send
poslať

activities - aktivity

family
rodina

- grandmother / stará mama
- grandfather / starý otec
- father / otec
- mother / mama
- baby / bábo
- daughter / dcéra
- son / syn

guest
hosť

aunt
teta

uncle
strýko

brother
brat

sister
sestra

family - rodina

body
telo

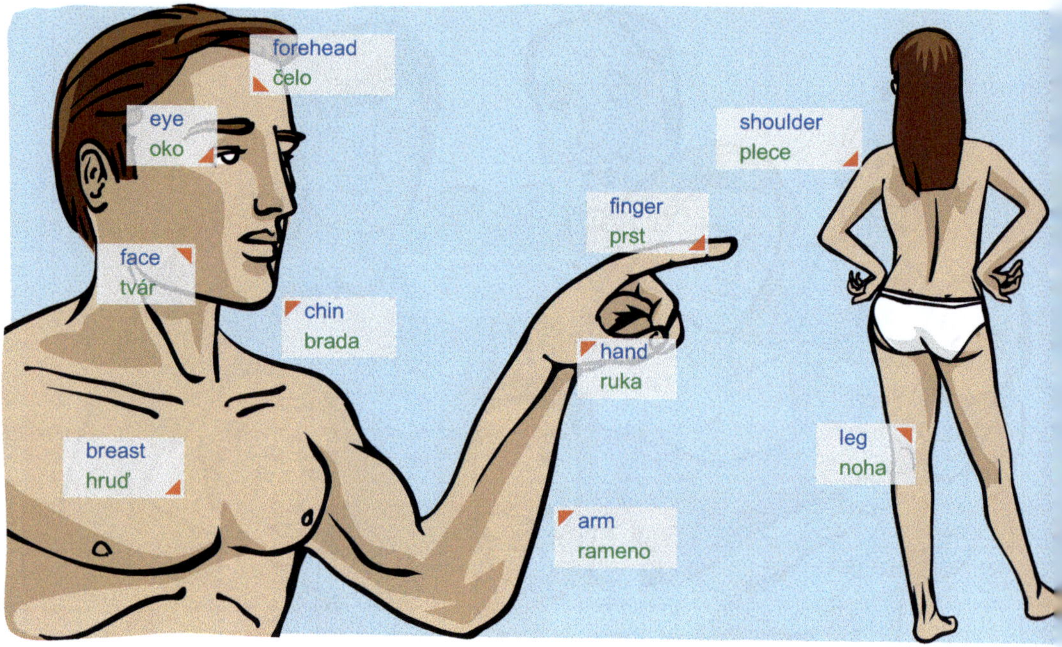

- forehead — čelo
- eye — oko
- face — tvár
- breast — hruď
- shoulder — plece
- finger — prst
- chin — brada
- hand — ruka
- arm — rameno
- leg — noha

baby
bábo

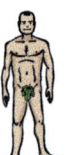

man
muž

woman
žena

girl
dievča

boy
chlapec

head
hlava

back
chrbát

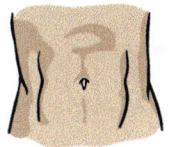
belly
brucho

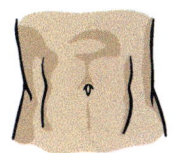
belly button
pupok

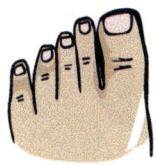
toe
prst na nohe

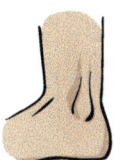
heel
päta

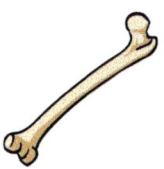
bone
kosť

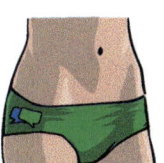
hip
bok

knee
koleno

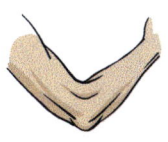
elbow
lakeť

nose
nos

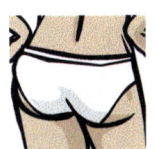
bottom
zadok

skin
koža

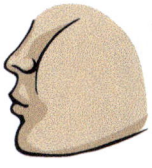
cheek
líce

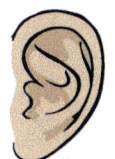
ear
ucho

lip
pery

mouth
ústa

tooth
zub

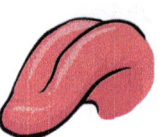
tongue
jazyk

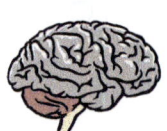
brain
mozog

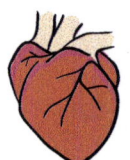
heart
srdce

muscle
svaly

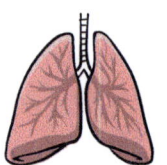
lung
pľúca

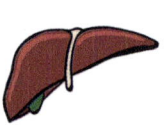
liver
pečeň

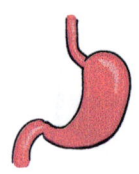
stomach
žalúdok

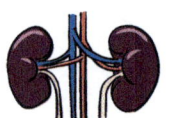
kidneys
obličky

sex
pohlavný styk

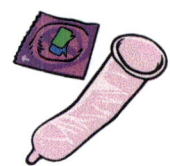
condom
kondóm

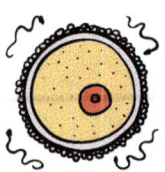
ovum
vaječná bunka

semen
semeno

pregnancy
tehotenstvo

body - telo

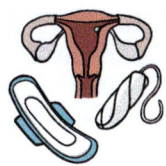
menstruation
menštruácia

vagina
vagína

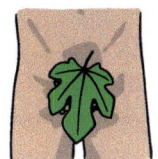
penis
penis

eyebrow
obočie

hair
vlasy

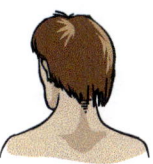
neck
krk

body - telo

hospital
nemocnica

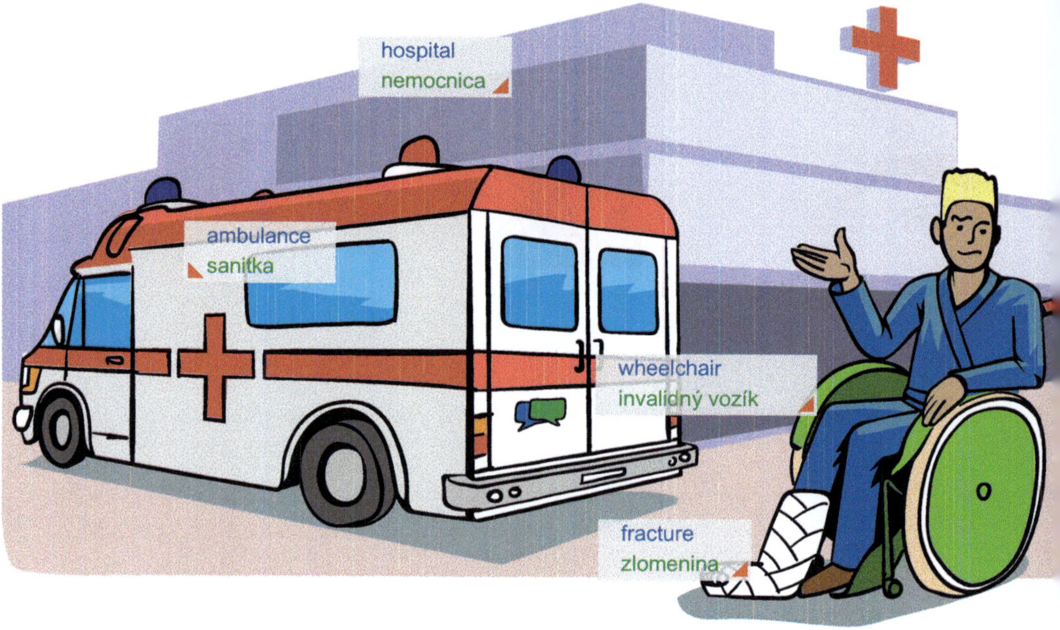

hospital / nemocnica

ambulance / sanitka

wheelchair / invalidný vozík

fracture / zlomenina

doctor
lekár

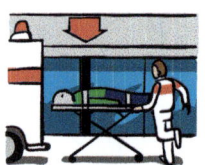
emergency room
urgentný príjem

nurse
sestrička

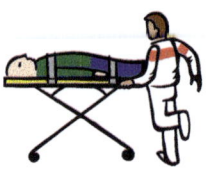
emergency
urgentný prípad

unconscious
v bezvedomí

pain
bolesť

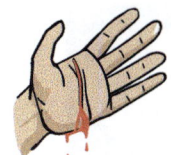
injury
zranenie

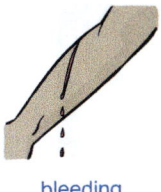
bleeding
krvácanie

heart attack
srdcový infarkt

stroke
mozgová porážka

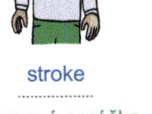
allergy
alergia

cough
kašeľ

fever
teplota

flu
chrípka

diarrhoea
hnačka

headache
bolesť hlavy

cancer
rakovina

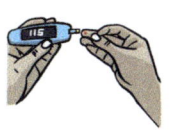
diabetes
cukrovka

surgeon
chirurg

scalpel
skalpel

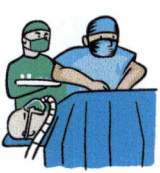
operation
operácia

hospital - nemocnica

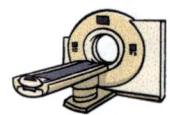
CT
CT

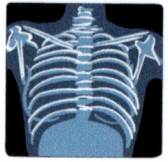
x-ray
RTG

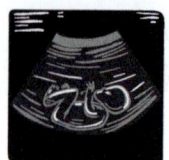
ultrasound
ultrazvuk

face mask
maska

disease
choroba

waiting room
čakáreň

crutch
barla

plaster
náplasť

bandage
obväz

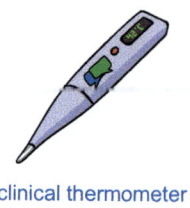
injection
injekcia

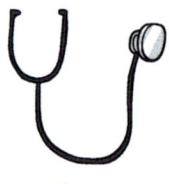
stethoscope
fonendoskop

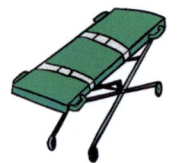
stretcher
nosidlá

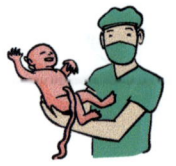
clinical thermometer
teplomer

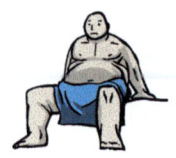
overweight
nadváha

hospital - nemocnica

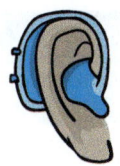
hearing aid
audiofón

disinfectant
dezinfekčný prostriedok

infection
infekcia

virus
vírus

HIV / AIDS
HIV / AIDS

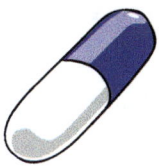
medicine
medicína

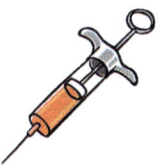
vaccination
očkovanie

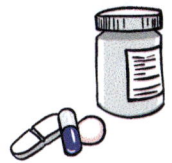
tablets
tabletky

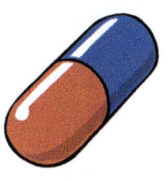
pill
antikoncepčná pilulka

emergency call
tiesňové volanie

blood pressure monitor
tlakomer

sick / healthy
chorý / zdravý

emergency
urgentný prípad

Help!
Pomoc!

alarm
alarm

assault
prepad

attack
útok

danger
nebezpečenstvo

emergency exit
núdzový východ

Fire!
Horí!

fire extinguisher
hasičský prístroj

accident
nehoda

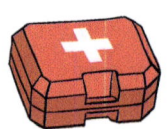
first-aid kit
kufrík prvej pomoci

SOS
SOS

police
polícia

Earth
Zem

Europe
Európa

North America
Severná Amerika

South America
Južná Amerika

Africa
Afrika

Asia
Ázia

Australia
Austrália

Atlantic
Atlantický oceán

Pacific
Tichý oceán

Indian Ocean
Indický oceán

Antarctic Ocean
Južný oceán

Arctic Ocean
Severný ľadový oceán

North Pole
Severný pól

South Pole	Antarctica	Earth
Južný pól	Antarktída	Zem

land	sea	island
krajina	more	ostrov

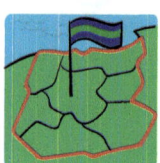 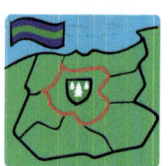

nation	state
národ	štát

clock
hodiny

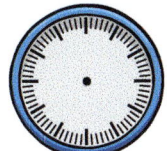
clock face
ciferník

hour hand
hodinová ručička

minute hand
minútová ručička

second hand
sekundová ručička

What time is it?
Koľko je hodín?

day
deň

time
čas

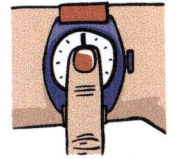
now
teraz

digital watch
digitálne hodiny

minute
minúta

hour
hodina

week
týždeň

Monday — pondelok
Tuesday — utorok
Wednesday — streda
Thursday — štvrtok
Friday — piatok
Saturday — sobota
Sunday — nedeľa

yesterday
včera

today
dnes

tomorrow
zajtra

morning
ráno

noon
poludnie

evening
večer

business days
pracovné dni

weekend
víkend

year
rok

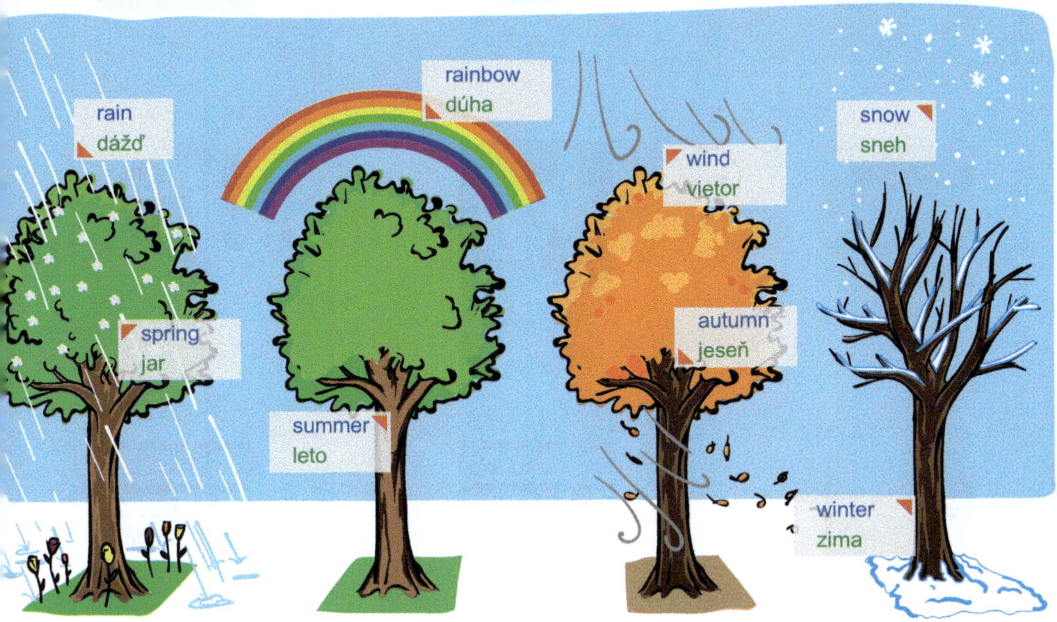

rain
dážď
rainbow
dúha
wind
vietor
snow
sneh
spring
jar
summer
leto
autumn
jeseň
winter
zima

4.APRIL 11°
5.APRIL 4°
6.APRIL 13°
7.APRIL 8°
8.APRIL 10°

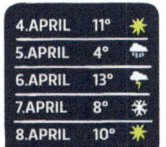

weather forecast

predpoveď počasia

F C
120 40
90 30
60 20
30 10
0 0
-30 -10
-20

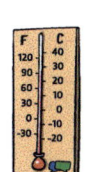

thermometer

teplomer

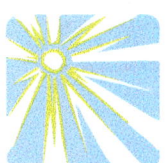

sunshine

slnečný svit

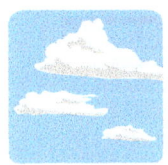

cloud

oblak

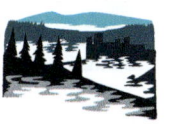

fog

hmla

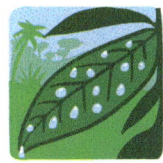

humidity

vlhkosť vzduchu

lightning
blesk

thunder
hrom

storm
búrka

hail
krúpy

monsoon
monzún

flood
záplava

ice
ľad

January
január

February
február

March
marec

April
apríl

May
máj

June
jún

July
júl

August
august

year - rok

September
september

October
október

November
november

December
december

shapes
tvary

circle
kruh

square
štvorec

rectangle
obdĺžnik

triangle
trojuholník

sphere
guľa

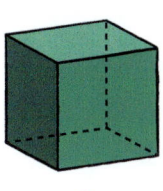
cube
kocka

colours
farby

white
biela

yellow
žltá

orange
oranžová

pink
ružová

red
červená

purple
fialová

blue
modrá

green
zelená

brown
hnedá

grey
šedá

black
čierna

opposites
protiklady

a lot / a little
veľa / málo

angry / calm
zúrivý / pokojný

beautiful / ugly
pekný / škaredý

beginning / end
začiatok / koniec

big / small
veľký / malý

bright / dark
svetlý / tmavý

brother / sister
brat / sestra

clean / dirty
čistý / špinavý

complete / incomplete
úplný / neúplný

day / night
deň / noc

dead / alive
mŕtvy / živý

wide / narrow
široký / úzky

edible / inedible
chutný / nechutný

evil / nice
zlostný / láskavý

excited / bored
vzrušený / unudený

fat / thin
tlstý / chudý

first / last
prvý / posledný

friend / enemy
priateľ / nepriateľ

full / empty
plný / prázdny

hard / soft
tvrdý / mäkký

heavy / light
ťažký / ľahký

hunger / thirst
hlad / smäd

sick / healthy
chorý / zdravý

illegal / legal
nelegálny / legálny

intelligent / stupid
inteligentný / hlúpy

left / right
vľavo / vpravo

near / far
blízko / ďaleko

opposites - protiklady

new / used
nový / použitý

nothing / something
nič / niečo

old / young
starý / mladý

on / off
zapnuté / vypnuté

open / closed
otvorené / zatvorené

quiet / loud
tichý / hlasný

rich / poor
bohatý / chudobný

right / wrong
správne / nesprávne

rough / smooth
drsný / hladký

sad / happy
smutný / šťastný

short / long
krátky / dlhý

slow / fast
pomaly / rýchlo

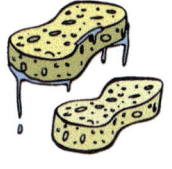

wet / dry
mokrý / suchý

warm / cool
teplý / studený

war / peace
vojna / mier

opposites - protiklady

numbers
čísla

0 zero / nula

1 one / jeden

2 two / dva

3 three / tri

4 four / štyri

5 five / päť

6 six / šesť

7 seven / sedem

8 eight / osem

9 nine / deväť

10 ten / desať

11 eleven / jedenásť

12 twelve — dvanásť

13 thirteen — trinásť

14 fourteen — štrnásť

15 fifteen — pätnásť

16 sixteen — šestnásť

17 seventeen — sedemnásť

18 eighteen — osemnásť

19 nineteen — devätnásť

20 twenty — dvadsať

100 hundred — sto

1.000 thousand — tisíc

1.000.000 million — milión

languages
jazyky

English
angličtina

American English
americká angličtina

Mandarin Chinese
mandarínska čínština

Hindi
hindčina

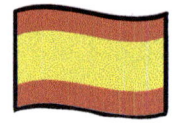

Spanish
španielčina

French
francúzština

Arabic
arabčina

Russian
ruština

Portuguese
portugalčina

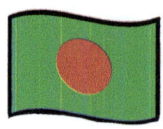

Bengali
bengálčina

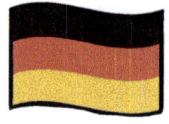

German
nemčina

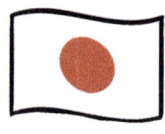

Japanese
japončina

who / what / how
kto/čo/ako

I
ja

you
ty

he / she / it
on/ona/ono

we
my

you
vy

they
oni

who?
kto?

what?
čo?

how?
ako?

where?
kde?

when?
kedy?

name
meno

where
kde

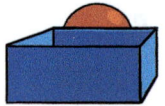
behind
za

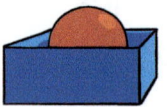
in
v

in front of
pred

over
nad

on
na

under
pod

beside
vedľa

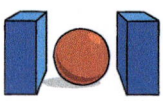
between
medzi

place
miesto